Impressum
Verlag: BABADADA GmbH, Nedderfeld 112 , 22529 Hamburg
Geschäftsführer / Verlagsleitung: Harald Hof
Druck: Books on Demand GmbH, In de Tarpen 42, 22848 Norderstedt

Imprint
Publisher: BABADADA GmbH, Nedderfeld 112 , 22529 Hamburg, Germany
Managing Director / Publishing direction: Harald Hof
Print: Books on Demand GmbH, In de Tarpen 42, 22848 Norderstedt

shule

mekdep

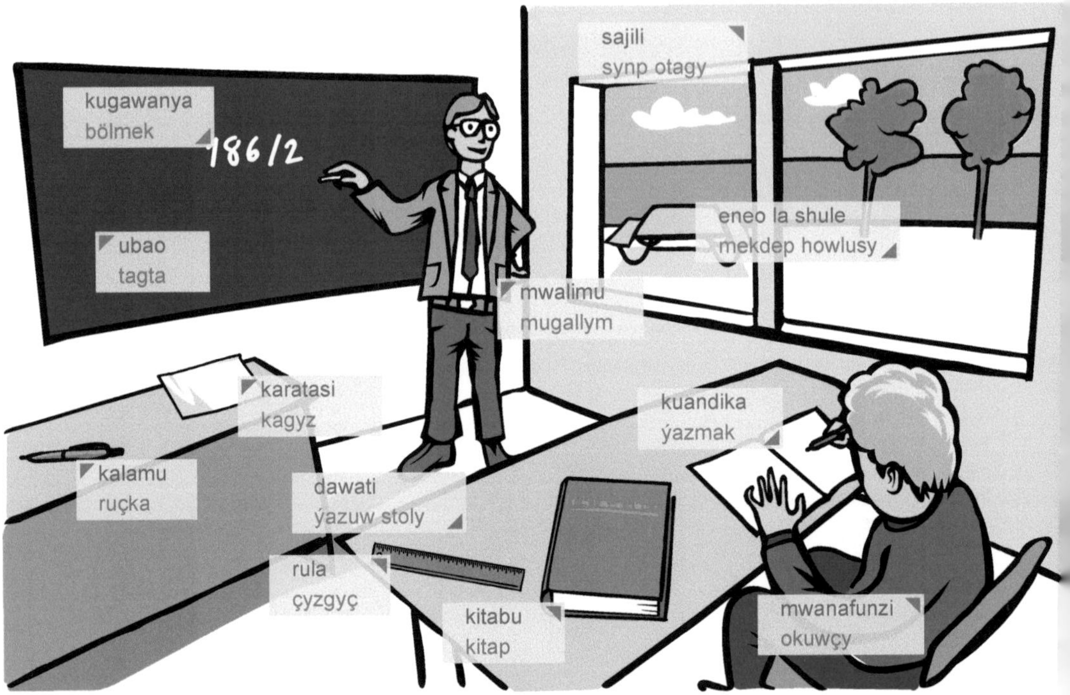
sajili
synp otagy
kugawanya
bölmek
186/2
ubao
tagta
eneo la shule
mekdep howlusy
mwalimu
mugallym
karatasi
kagyz
kuandika
ýazmak
kalamu
ruçka
dawati
ýazuw stoly
rula
çyzgyç
kitabu
kitap
mwanafunzi
okuwçy

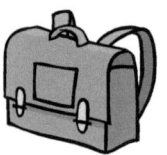

mkoba

ranes

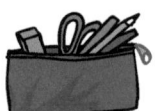

kikasha cha penseli

penal

penseli

galam

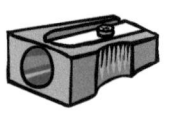

kichonga penseli

galam artylýan

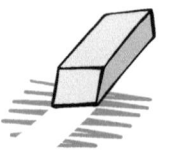

mpira

bozguç

pedi ya kuchora

surat çekmek üçin albom

uchoraji

surat

brashi ya rangi

çotgajyk

sanduku la rangi

reňkli guty

mkasi

gaýçy

gundi

ýelim

daftari

depder

kazi ya nyumbani

öý işi

nambari

san

jumlisha

goşmak

ondoa

aýyrmak

zidisha

köpeltmek

kokotoa

hasaplamak

barua

harp

alfabeti

elipbiý

neno

söz

maandishi

tekst

kusoma

okamak

chaki

hek

somo

sapak

sajili

synp dergisi

uchunguzi

synag

cheti

diplom

sare za shule

mekdep lybasy

elimu

bilim

elezo

ensiklopediýa

chuo kikuu

uniwersitet

darubini

mikroskop

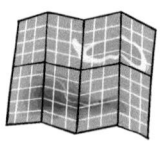

ramani

karta

kikapu cha kuweka karatasi chafu

kagyz üçin sebet

usafiri
syýahat

hoteli
myhmanhana
Grand
hosteli
syýahatçylyk bazasy
EXCHANGE
ofisi ya ubadilishanaji
walýuta çalyşmak üçin bent
sanduku
çemedan
gari
awtomobil

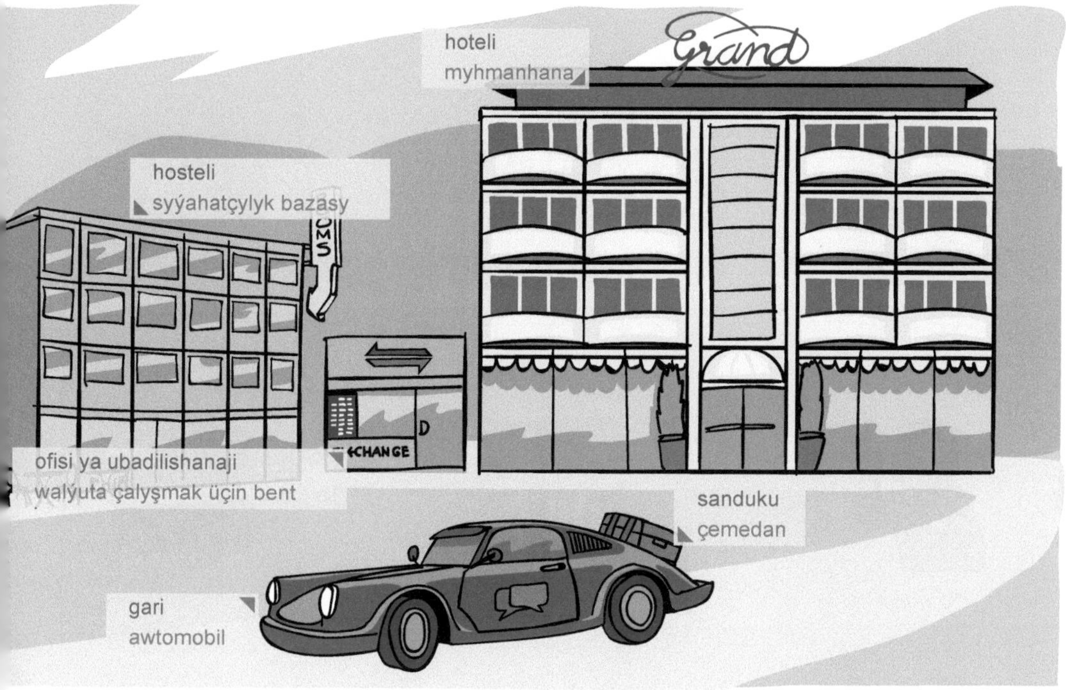

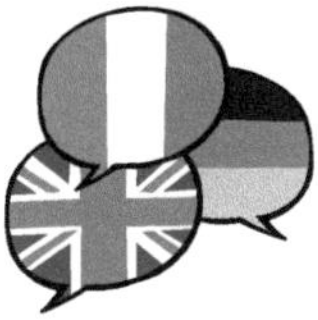

lugha

dil

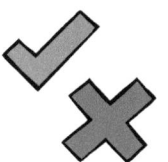

ndiyo / la

hawwa / ýok

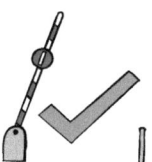

sawa

bolýa

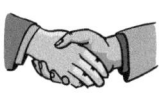

hujambo

salam

mtafsiri

terjimeçi

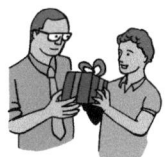

Asante

Minnetdar

kiasi gani ni ...?

bahasy näçe?

Sielewi

men düşünmeýärin

tatizo

mesele

Jioni njema!

Agşamyňyz haýyr!

Habari za asubuhi!

Ertiriňiz haýyrly!

Usiku mwema!

Gijäňiz rahat bolsun!

kwa heri

görüşýänçäk

mwelekeo

ugur

mizigo

ýük

mfuko

torba

shanta

eginden asylýan torba

mgeni

myhman

chumba

otag

begi la kulalia

halta ýorgan

hema

çadyr

taarifa ya utalii

syýahatçylyk maglumaty

ufuo

kenarýaka

kadi

karz karty

kifunguakinywa

ertirlik

chakula cha mchana

günortanlyk

chakula cha jioni

agşamlyk

tiketi

petek

kuinua

lift

muhuri

poçta markasy

mpaka

çäk

mila

gümrük

ubalozi

ilçihana

visa

wiza

pasipoti

pasport

usafiri
ulag

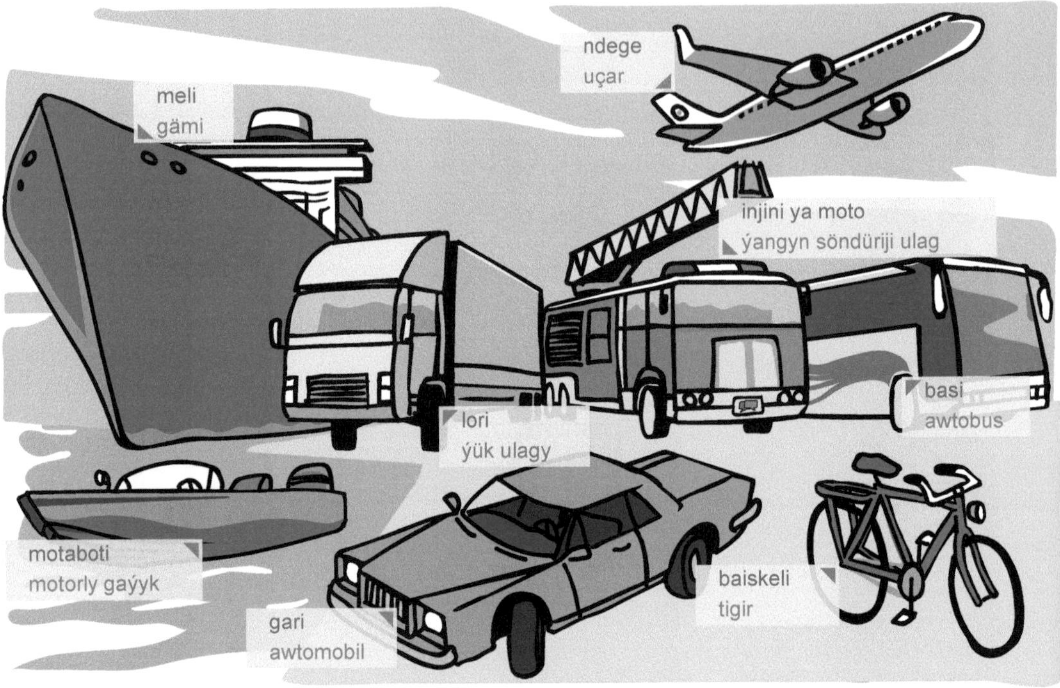
ndege
uçar
meli
gämi
injini ya moto
ýangyn söndüriji ulag
basi
awtobus
lori
ýük ulagy
motaboti
motorly gaýyk
baiskeli
tigir
gari
awtomobil

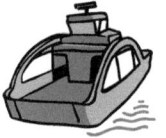

feri
....
parom

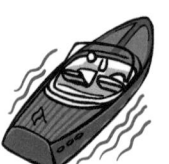

mashua
....
gaýyk

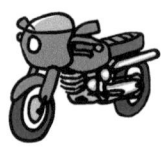

pikipiki
....
motosikl

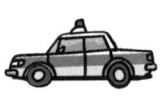

gari la polisi
....
polisiýa ulagy

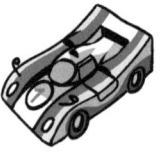

gari la mashindano
....
çapyşyk

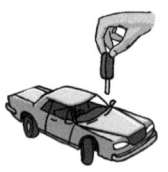

gari la kukodisha
....
kärendä alnan ulga

kushiriki gari

ulagy bilelikde ulanmak

lori la kuvuta

tirkeg ulagy

ukusanyaji taka

zir-zibil daşaýan ulag

motor

hereketlendiriji

mafuta

ýangyç

kituo cha mafuta

guýma

ishara trafiki

ýol belgisi

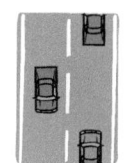

trafiki

hereket

msongamano

dyky

maegesho

awtoduralga

kituo cha treni

menzil

reli

seplem

garimoshi

otly

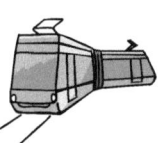

tremu

tramwaý

gari la mizigo

wagon

helikopta
dik uçar

uwanja wa ndege
howa menzili

mnara
minara

abiria
ýolagçy

chombo
konteýner

katoni
guty

mkokoteni
araba

kikapu
sebet

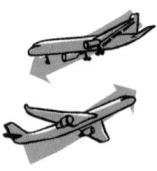

ondoka
uçmak / gonmak

jiji

şäher

kijiji
oba

katikati ya jiji
şäher merkezi

nyumba
öý

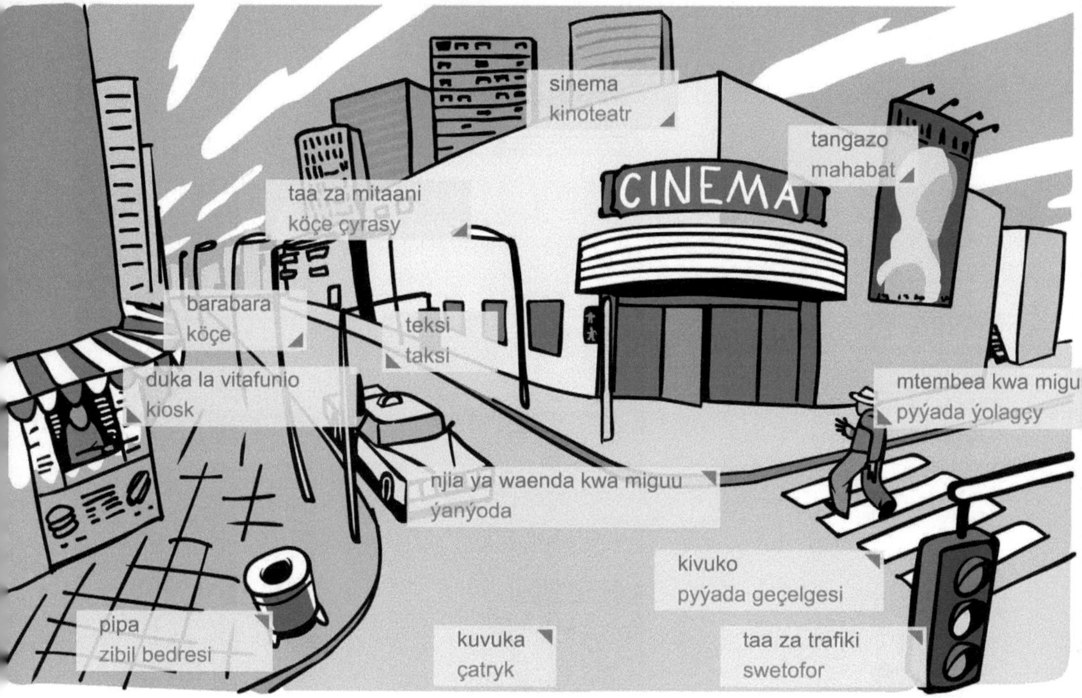

sinema
kinoteatr

tangazo
mahabat

taa za mitaani
köçe çyrasy

barabara
köçe

teksi
taksi

duka la vitafunio
kiosk

mtembea kwa migu
pyýada ýolagçy

njia ya waenda kwa miguu
ýanýoda

kivuko
pyýada geçelgesi

pipa
zibil bedresi

kuvuka
çatryk

taa za trafiki
swetofor

kibanda

kepbe

gorofa

öý

kituo cha treni

menzil

ukumbi wa mji

şäher häkimligi

Makavazi

muzeý

shule

mekdep

chuo kikuu

uniwersitet

benki

bank

hospitali

hassahana

hoteli

myhmanhana

duka la dawa

dermanhana

ofisi

ofis

duka la kitabu

kitap dükany

duka

dükan

duka la maua

gül dükany

dukakuu

supermarket

soko

bazar

idara ya kuhifadhi

uniwermag

mwuza samaki

balyk söwdagäri

kituo cha ununuzi

söwda merkezi

bandari

port

Hifadhi
park

benki
oturgyç

daraja
köpri

vidato
merdiwan

chini ya ardhi
metro

handaki
ötük

kituo cha mabasi
awtobus

bar
bar

mgahawa
restoran

sanduku la posta
poçta gutusy

ishara ya barabara
köçäni adyny görkezýän ýazgy

mita ya maegesho
parkometr

bustani ya wanyama
haýwanat bagy

kidimbwi cha kuogelea
basseýn

msikiti
metjit

shamba
ferma

uchafuzi
daşky gurşawyň hapalanmagy

makaburini
gonamçylyk

kanisa
buthana

uwanja wa michezo
çaga meýdançasy

hekalu
ybadathana

mazingira
landşaft

jani
ýaprak

ishara ya mwelekeo
ýol görkeziji

njia
ýol

malisho
ýaýla

jiwe
daş

mti
agaç

mtembeaji wa masafa
syýahatçy

mto
derýa

nyasi
ot

ua
gül

bonde

dere

kilima

dag

ziwa

köl

msitu

tokaý

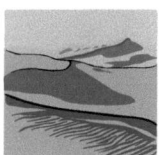

jangwa

çöl

volkano

wulkan

ngome

gulp

upinde wa mvua

älemgoşar

uyoga

kömelek

mtende

palma agajy

mbu

çybyn

kuruka

sinek

chungu

garynja

nyuki

bal arysy

buibui

möý

mende
tomzak

chura
gurbaga

kuchakuro
awusiÿdik

nungunungu
kirpi

sungura
towşan

bundi
baÿguş

ndege
guş

swan
guw

nguruwe mwitu
ÿekegapan

kulungu
sugun

aina ya kongoni
los

bwawa
bent

tabo ya upepo
şemal generatory

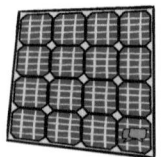

nishaji ya jua
gün batareÿasy

hali ya hewa
howa

mgahawa

restoran

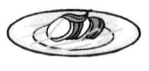

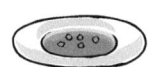

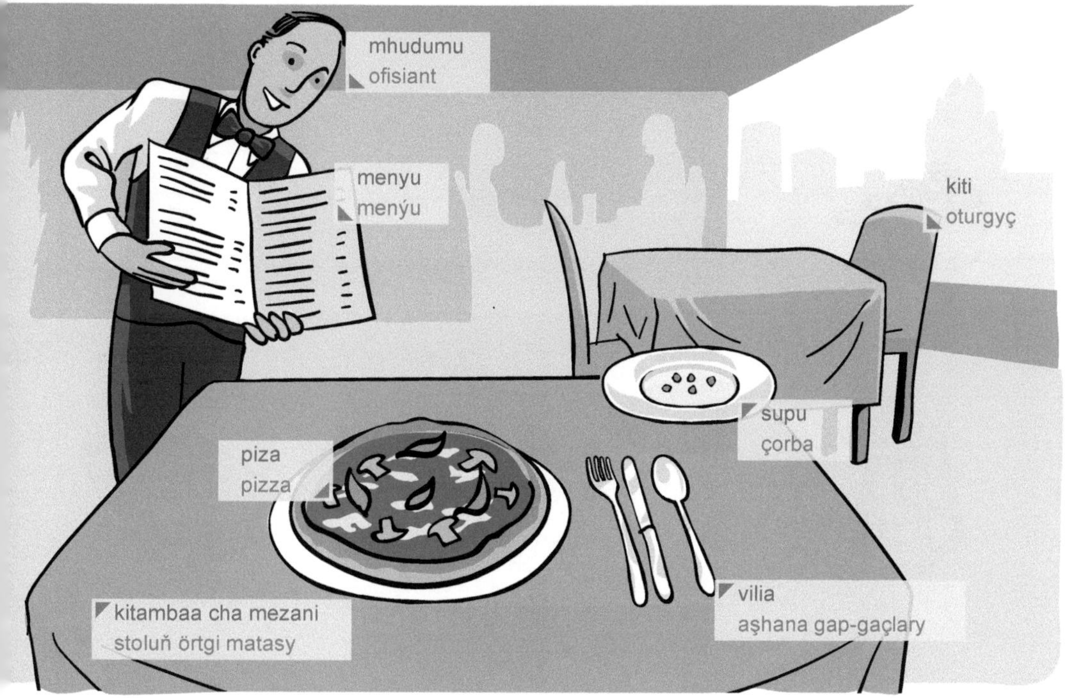
mhudumu
ofisiant
menyu
menýu
kiti
oturgyç
supu
çorba
piza
pizza
kitambaa cha mezani
stoluň örtgi matasy
vilia
aşhana gap-gaçlary

kiamsha hamu

garbanma

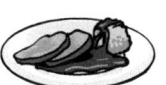

kozi kuu

esasy tagam

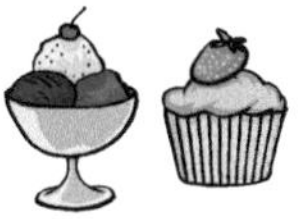

kitindamlo

süýjülik

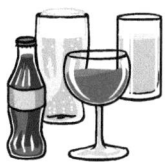

vinywaji

içgiler

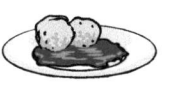

chakula

nahar

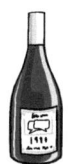

chupa

süýşe

chakula cha haraka

tiz tagam

Streetfood

köçe iýmiti

buli

çäýnek, kitir

kisanduku cha sukari

şeker gaby

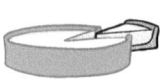

sehemu

porsiýa

mashine ya espresso

kofe gaýnadyjy

kiti kirefu

çaga oturgyjy

muswada

hasap

trei

mejme

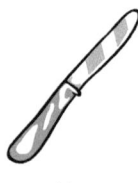

kisu

pyçak

uma

çarşak

kijiko

çemçe

kijiko cha chai

çaý çemçesi

nepi

salfetka

glasi

bulgur

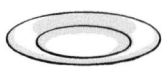

sahani

tarelka

sahani ya supu

çorba tarelkasy

sufuria

tabajyk

mchuzi

sous

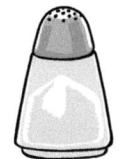

kichanyaji chumvi

duz gaby

kinu cha pilipili

burçy üweýji

siki

sirke

mafuta

ýag

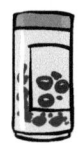

viungo

huruş

kechapu

ketçup

haradali

gorçisa

kachumbari nzito

maýonez

dukakuu

supermarket

ofa maalum
ýörite teklip
FOR
mteja
alyjy
maziwa
süýt önümleri
matunda
miweler
toroli
satyn alnan zatlar üçin araba

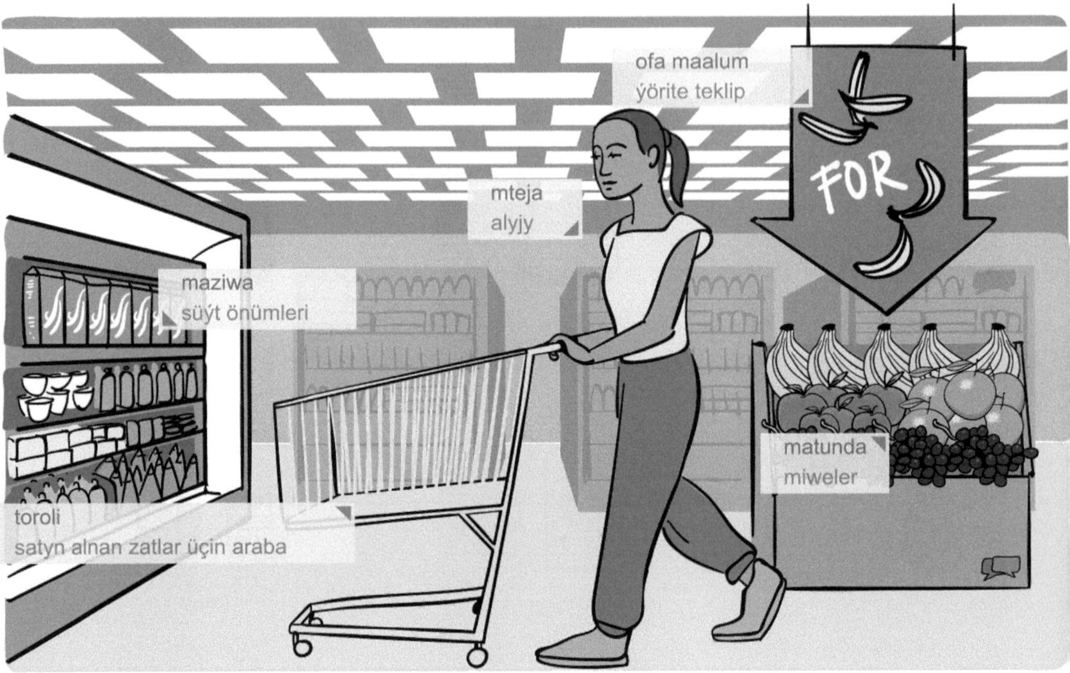

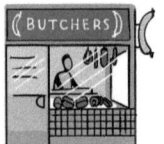

BUTCHERS
mchinjaji

et dükany

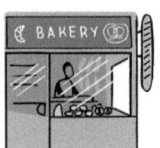

BAKERY
mwokaji

çörek kärhanasy

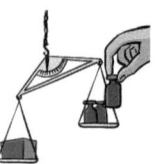

uzito

ölçemek

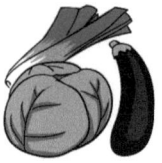

mboga

gök önümler

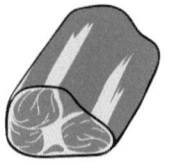

nyama

et

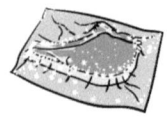

chakula waliohifadhiwa

tiz doňýan önümler

vipande vya nyama baridi
kesme

chakula cha kopo
konserwirlenen önümler

sabuni ya unga
kir ýuwujy toz

pipi
süýjülikler

bidhaa za kaya
öýde ulanylýan zat

bidhaa za kusafisha
ýuwujy serişde

mtu mauzo
satyjy aýal

mpaka
kassa

keshia
pulhanaçy

orodha ya manunuzi
satyn alynmaly zatlar

masaa ya ufunguzi
iş wagty

mkoba
gapjyk

kadi
karz karty

mfuko
sumka

mfuko wa plastiki
polietilen paket

maji

suw

sharubati

şire

maziwa

süýt

coke

koka-kola

mvinyo

wino

bia

piwo

pombe

alkogol

kakao

kakao

chai

çaý

kahawa

kofe

spreso

espresso

kapuchino

kapuçino

ndizi

banan

tufaha

alma

machungwa

pyrtykal

tikiti

garpyz

lemon

limon

karoti

käşir

kitunguu saumu

sarymsak

mianzi

bambuk

kitunguu

sogan

uyoga

kömelek

karanga

hoz

nudo

un aş

spageti

spagetti

mpunga

tüwi

saladi

işdäaçar

vibanzi

gowurylan ýer alma

viazi vya kukaanga

gowurylan ýer alma

piza

pizza

hambaga

gamburger

sandwichi

sendwiç

kipande

üweme

paja la mnyama

wetçina

salami

salýami

soseji

şöhlat

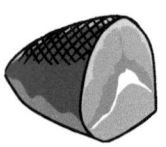

kuku

towuk

choma

gowrulyp taýýarlanýan
nahar

samaki

balyk

oats ya uji
süle patragy

muesli
mýusli

cornflakes
mekgejöwen patragy

unga
un

kroisanti
kruassan

andazi
bulka

mkate
çörek

mkate wa kubanika
tost

biskuti
köke

siagi
ýag

maziwa mgando
dorog

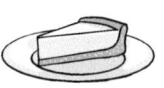

keki
pirog

yai
ýumurtga

yai kukaanga
heýgenek

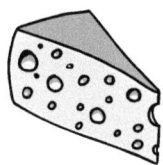

jibini
peýnir

aiskrimu

doňdurma

sukari

şeker

asali

bal

jemu

marmelad

kuenea kwa chokoleti

nogully krem

mchuzi wa viungo

karri

shamba
ferma

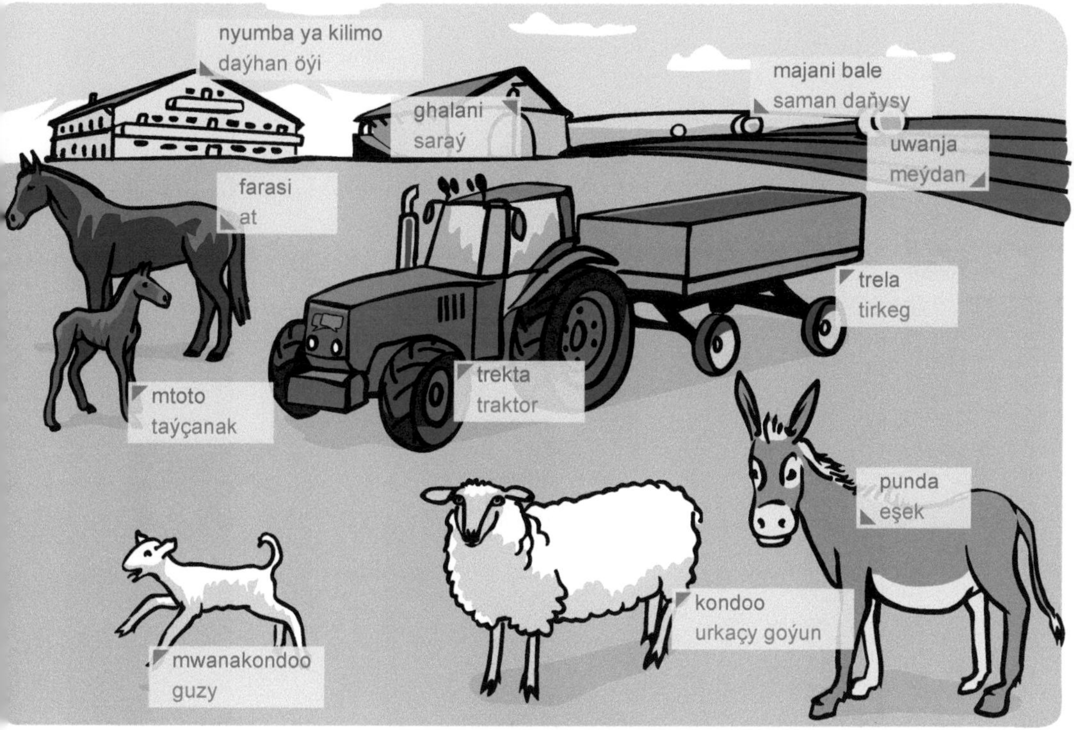
nyumba ya kilimo
daýhan öýi
ghalani
saraý
majani bale
saman daňysy
uwanja
meýdan
farasi
at
trela
tirkeg
trekta
traktor
mtoto
taýçanak
punda
eşek
kondoo
urkaçy goýun
mwanakondoo
guzy

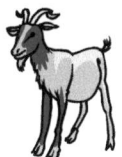

mbuzi

geçi

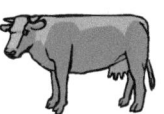

ng'ombe

sygyr

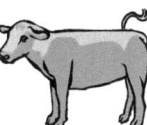

ndama

göle

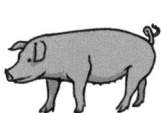

nguruwe

doňuz

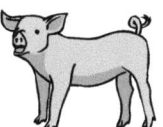

mwananguruwe

jojuk

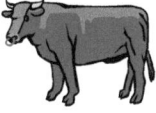

fahali

öküz

batabukini

gaz

bata

ördek

kifaranga

jüÿje

kuku

towuk

jogoo

horaz

panya

alaka

paka

pişik

panya

syçan

ng'ombe

öküz

mbwa

it

nyumba ya mbwa

it ÿatagy

bomba la bustani

bag şlangy

debe la kumwagilia maji

guÿgyç

fyekeo

orak

kulima

azal

mundu
orak

jembe
kätmen

uma wa nyasi
dökün çarşagy

shoka
palta

toroli
galtak

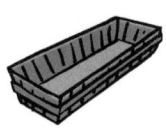

kupitia nyimbo
kersen

chombo cha maziwa
süýt üçin tüññür

gunia
halta

ua
haýat

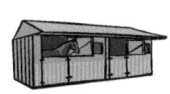

imara
çörek

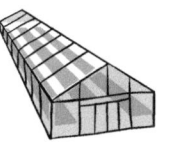

chafu
ýyladyşhana

udongo
toprak

mbegu
ekin

mbolea
dökün

kivunaji
kombaýn

mavuno

hasyl ýygnamak

mavuno

galla

viazi vikuu

ýams

ngano

bugdaý

soya

soýa

viazi

ýeralma

mahindi

mekgejöwen

rapa

raps

mti wa matunda

miwe agajy

muhogo

manioka

nafaka

däneli ösümlikler

shamba - ferma

nyumba
öý

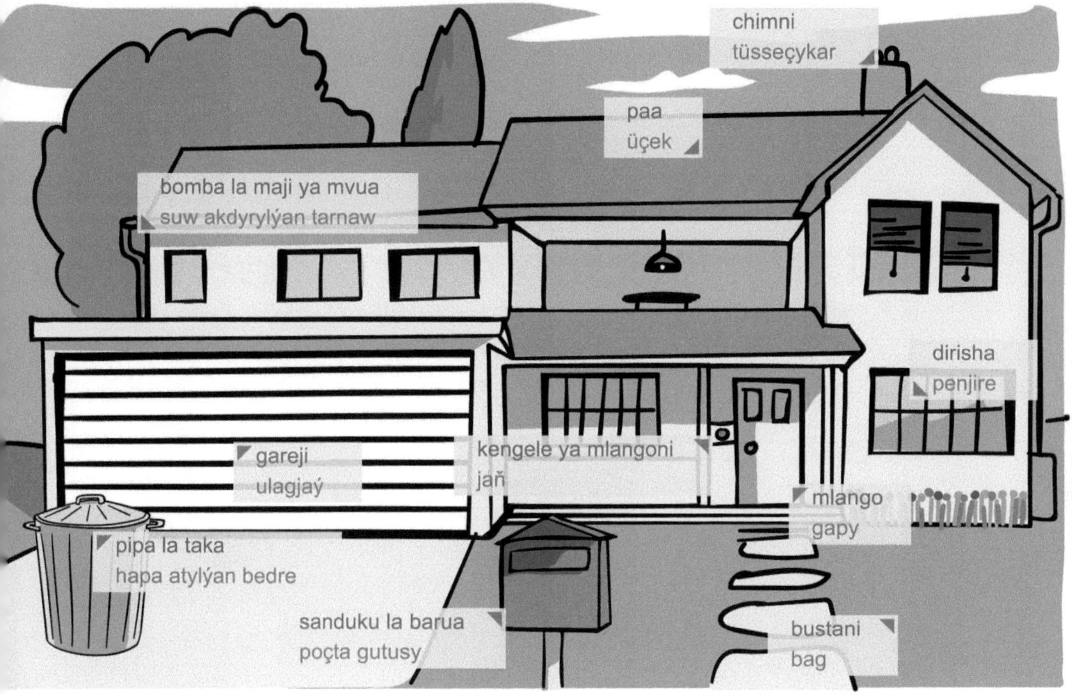
chimni
tüsseçykar
paa
üçek
bomba la maji ya mvua
suw akdyrylýan tarnaw
dirisha
penjire
gareji
ulagjaý
kengele ya mlangoni
jañ
mlango
gapy
pipa la taka
hapa atylýan bedre
sanduku la barua
poçta gutusy
bustani
bag

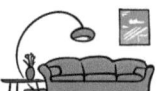

sebuleni

myhman otagy

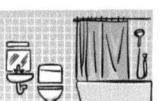

bafu

wanna otagy

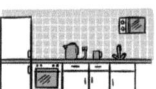

jikoni

aşhana

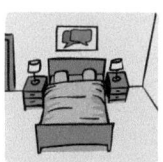

chumba cha kulala

ýatalga otagy

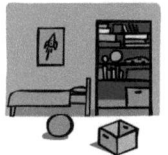

chumba ya mtoto

çaga otagy

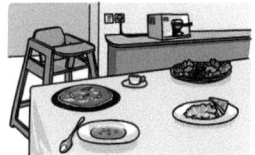

chumba cha kulia

naharhana

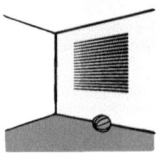

sakafu
pol

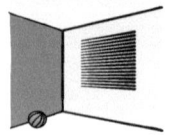

ukuta
diwar

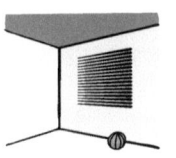

dari
potolok

pishi
ýerzemin

sauna
hamam

roshani
balkon

mtaro
eýwan

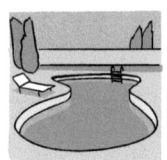

kidimbwi
howdan

mashine ya kukata nyasi
gazon orujy

karatasi
ýorgan daşlygy

kitambaa cha kupamba
kitanda
örtgi

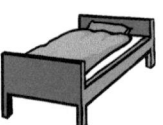

kitanda
ýatakça

ufagio
sübse

ndoo
bedre

kubadili
öçüriji

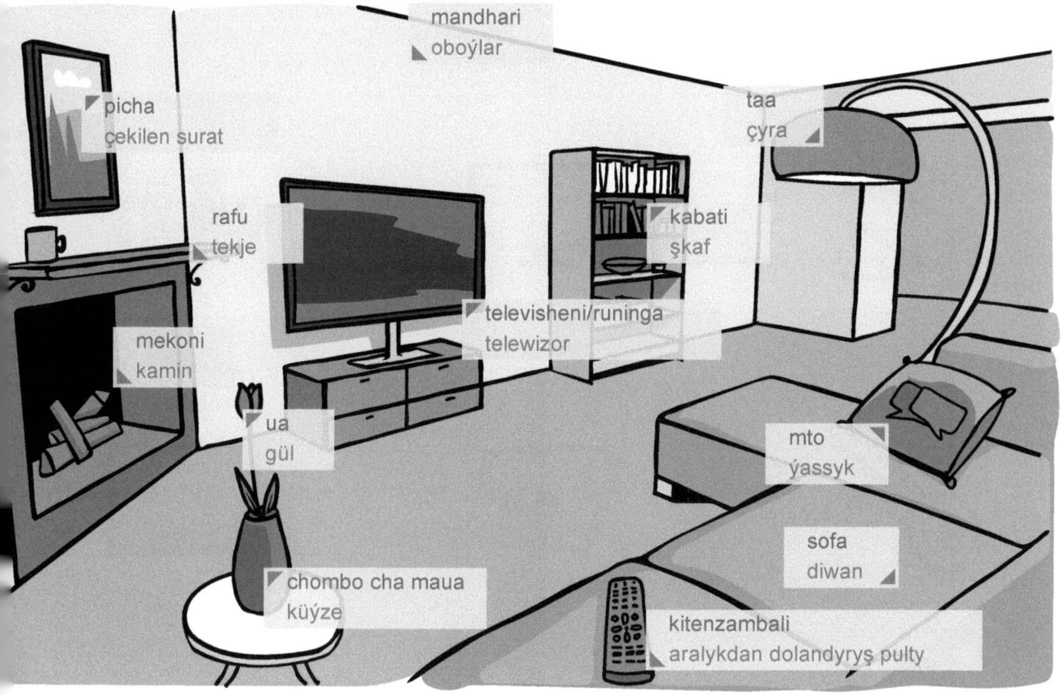

mandhari
oboýlar

taa
çyra

picha
çekilen surat

rafu
tekje

kabati
şkaf

televisheni/runinga
telewizor

mekoni
kamin

ua
gül

mto
ýassyk

sofa
diwan

chombo cha maua
küýze

kitenzambali
aralykdan dolandyryş pulty

zulia

haly

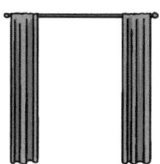

pazia

tuty

meza

stol

kiti

oturgyç

kiti cha bembea

öňe-yza gaýdýan kürsi

armchair

kürsi

kitabu

kitap

blanketi

örtgi

mapambo

bezeg

kuni

odun

filamu

film

kifaa cha hi-fi

stereo ulgam

ufunguo

açar

gazeti

gazet

uchoraji

surat

bango

ündewsurat

redio

radio

daftari

bloknot

kifyonza

tozan sorujy

dungusi kakati

kaktus

mshumaa

şem

jikoni
aşhana

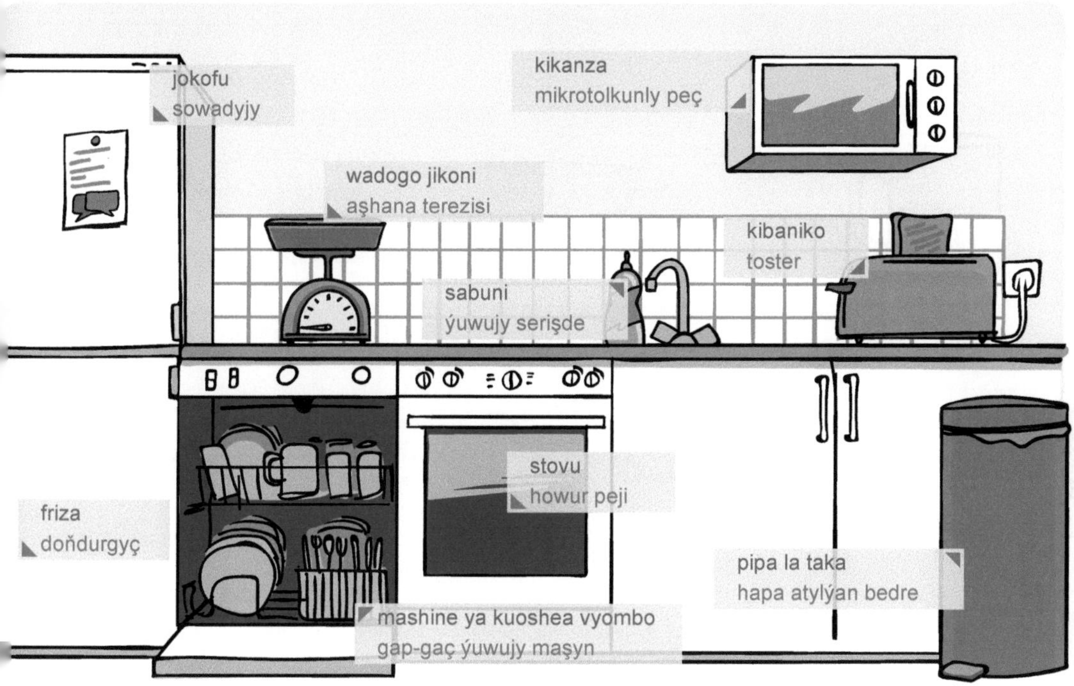
jokofu
sowadyjy
kikanza
mikrotolkunly peç
wadogo jikoni
aşhana terezisi
kibaniko
toster
sabuni
ýuwujy serişde
stovu
howur peji
friza
doňdurgyç
pipa la taka
hapa atylýan bedre
mashine ya kuoshea vyombo
gap-gaç ýuwujy maşyn

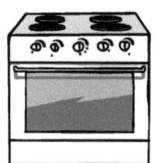

jiko la kupika
plita

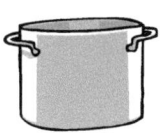

chungu
piti

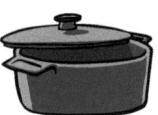

sufuria ya chuma
çoýun gazany

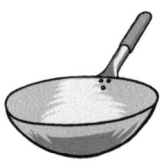

wok / kadai
wok / kadaý

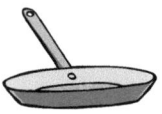

kaango
saç

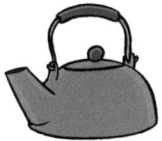

birika
çäýnek, kitir

stima
bugda bişiriji

sinia ya kuoka
protiwen

vyombo vya udongo
gap-gaç

kombe
kürşge

bakuli
jam

vijiti vya kulia
nahar iýilýän taýajyklar

ukawa
susak

mwiko mpana
piljagaz

burashi
ýaýylýan maşyn

kichujio
elek

chujio
elek

mbuzi
gyrgyç

chokaa
soky

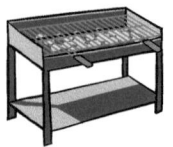

barbeque
gril

moto wazi
ot

ubao wa majaribio

tagta

kijiti cha kusukuma unga

oklaw

kizibuo

ştopor

kopo

tüneke banka

inaweza kopo

konserwa pyçagy

kishikio cha chungu

tutguç

karo

rakowina

brashi

çotga

sifongo

gubka

kisagaji matunda

mikser

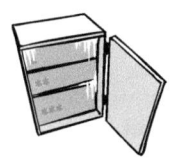

friji ya kina

doňdurma kamerasy

chupa ya mtoto

çagany iýmitlendirmek üçin
çüýşejik

bomba

kran

bafu
wanna otagy

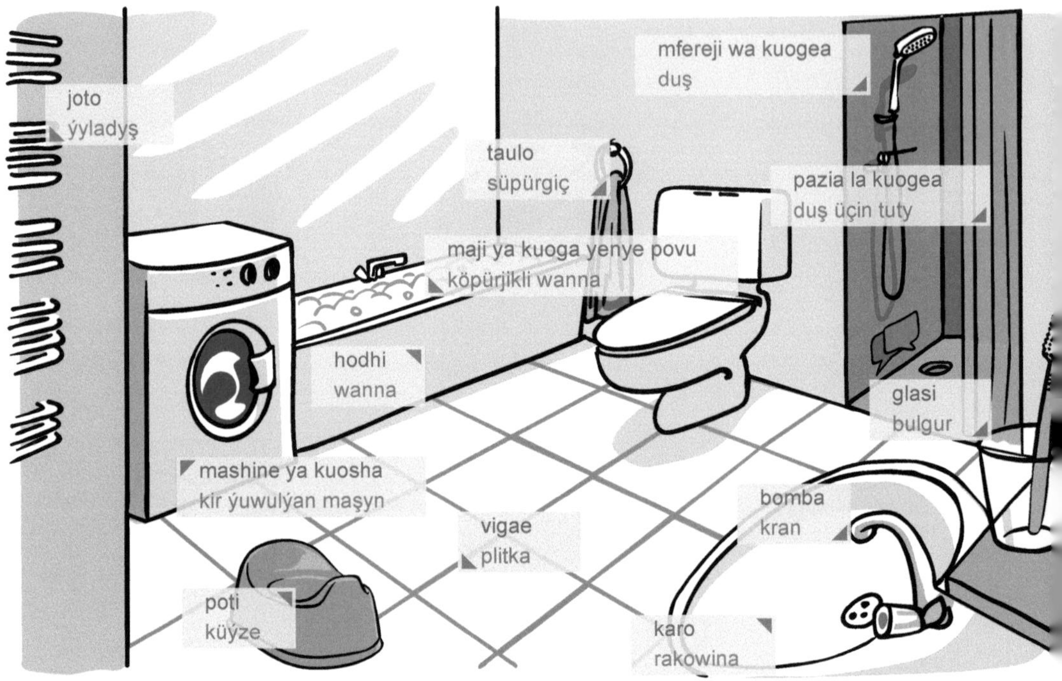

joto
ýyladyş
mfereji wa kuogea
duş
taulo
süpürgiç
pazia la kuogea
duş üçin tuty
maji ya kuoga yenye povu
köpürjikli wanna
hodhi
wanna
glasi
bulgur
mashine ya kuosha
kir ýuwulýan maşyn
bomba
kran
vigae
plitka
poti
küýze
karo
rakowina

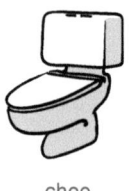

choo

hajathana

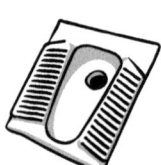

choo cha squat

polda oturdylýan unitaz

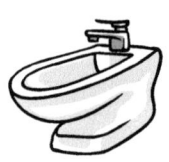

beseni la mviringo

bide

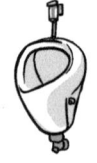

choo cha umma

pissuar

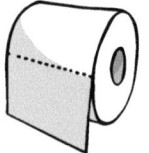

shashi

hajathana kagyzy

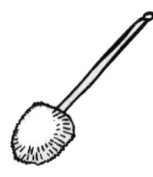

brashi ya choo

hajathana çotgasy

mswaki

diş çotgasy

dawa ya meno

diş pastasy

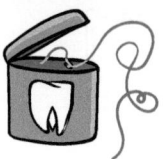

dawa ya meno

diş sapagy

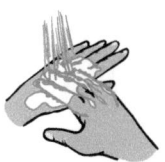

safisha

ýuwmak

kuoga mkono

el duşy

msukumo wa maji

şahsy duş

bonde

legen

mpako wa pili

arka üçin çotga

sabuni

sabyn

jeli ya kuogea

duş üçin gel

shampuu

şampun

flana

moçalka

toa maji

akyş

krimu

krem

kiondoa harufu

dezodorant

kioo

aýna

kioo mkono

el aýnasy

kinyozi

päki

povu la kunyoa

sakgal syrmak üçin köpürjik

baada ya kunyoa

sakgal syrylanyndan soňky losýon

kichana

darak

brashi

çotga

kikausha nywele

fen

marashi ya nyewele

saç üçin lak

vipodozi

kosmetika

kidomwa

dodaga çalynýan reňk

varnish ya msumari

dyrnaga çalynýan reňk

pamba

pamyk

mkasi wa kucha

manikýur gaýçysy

manukato

atyr

mkoba wa kuosha

kosmetika üçin gutujyk

kinyesi

oturgyç

mizani

terezi

nguo ya kuoga

halat

glavu za mpira

rezin ellik

kisodo

tampon

sodo

gigiýena prokladkasy

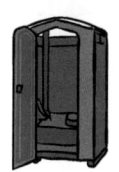

kemikali choo

biohajathana

chumba ya mtoto

çaga otagy

saa ya kengele
oýaryjy
kidoli cha kupakata
ýumşak oýnawaç
gari bandia
oýnawaç awtoulag
kelele
şakyrdawukly oýnawaç
chumba cha midoli
gurjak öýi
sasa
sowgat

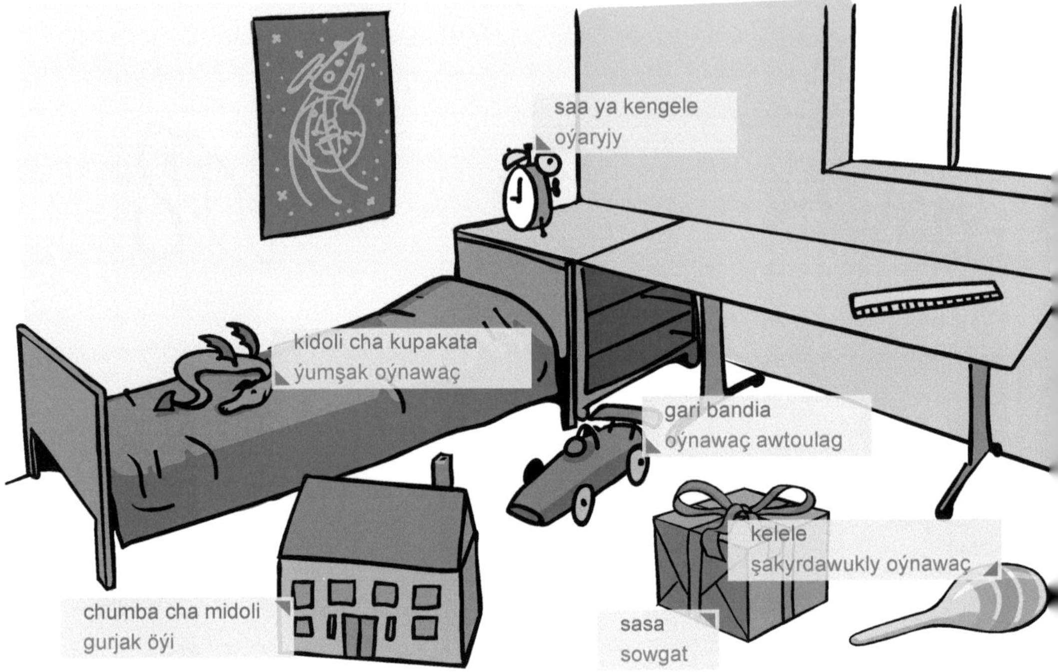

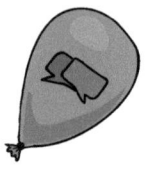

baluni

howaly şar

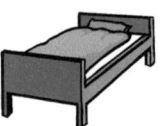

kitanda

ýatakça

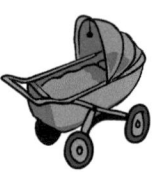

mashua

çaga arabasy

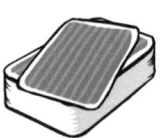

staha ya kadi

kart oýny

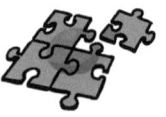

mchezo-fumb

pazl

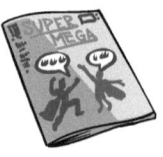

vichekesho

komiks

matofali lego

Lego kerpiçleri

vitalu mwigo

kubikler

hatua takwimu

oýnawaç şekil

suti ya kulalia

çagalar üçin joraply balak

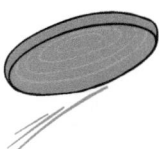

kisahani

frisbi

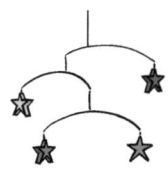

simu

mobile

ubao wa michezo

stolüsti oýun

kete

kubik

garimoshi mwigo

demir ýolunyň modeli

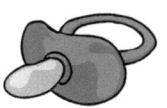

dummy

soska

chama

şagalaň

picha kitabu

şekilli kitap

mpira

top

kikaragosi

gurjak

kucheza

oýnamak

chumba ya mtoto - çaga otagy

shimo la mchanga

çäge aýmança

bembea

hiňňildik

vitu bandia

oýnawaç

kiweko cha video ya
mchezo

oýun pristawkasy

baiskeli ya magurudumu

üç tigirli welosiped

matatu

mwanasesere

plýuşadan aýyjyk

kabati

egin-eşik üçin şkaf

nguo

egin-eşik

soksi

jorap

stokingi

çulki

kibano

kolgotka

skafu
şarf

ukanda
kemer

mwavuli
saýawan

fulana
futbolka

viatu
ädik

ndara
öý şypbygy

wakufunzi
krossowka

malapa
sandaliýa

viatu
aýakgap

mabuti ya mpira
rezin ädik

suruali ya ndani
türsük

sidiria
göwüslik

fulana
maýka

mwili
....
bodi

suruali
....
jalbar

dangirizi
....
jins

sketi
....
ýubka

blauzi
....
bluzka

shati
....
köýnek

vuta
....
switer

sweta
....
switer

bleza
....
sport keltekçesi

jaketi
....
žaket

koti
....
palto

koti la mvua
....
plaş

maleba
....
kostýum

gauni
....
köýnek

mavazi ya harusi
....
toý köýnegi

suti
erkek üçin kostýum

vazi la usiku
ýatyş köýnegi

pajama
pižama

sari
sari

skafu
ýaglyk

kilemba
selle

burka
perenji

kaftan
kaftan

abaya
abaýa

vazi la kuogelea
suwa düşmek üçin lybas

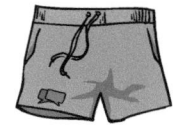

vazi la kiume la kuogelea
plawki

kaptura
şorty

teitei
sport lybasy

aproni
öňlük

glavu
ellik

kifungo
ilik

glasi
äýnek

bangili
bilezik

mkufu
zynjyr

pete
ýüzük

herini
syrga

kofia
papak

kiango cha koti
geýim asgyç

kofia
şlýapa

tai
galstuk

zipu
syrma

kofia
şlem

kanda za suruali
egnaşyr kemer

sare za shule
mekdep lybasy

sare
lybas

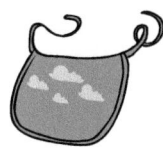

bibu

çaga döşlügi

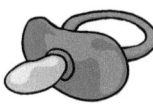

dummy

soska

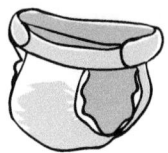

nepi

arlyk

ofisi

ofis

seva
serwer
kabati la kuweka faili
kanselýariýa şkafy
karatasi
kagyz
kichapishaji
printer
kiwambo
monitor
dawati
ýazuw stoly
kipanya
syçanjyk
folda
papka
kibodi
klawiatura
cha kuweka karatasi chafu
için sebet
kompyuta
kompýuter
kiti
oturgyç

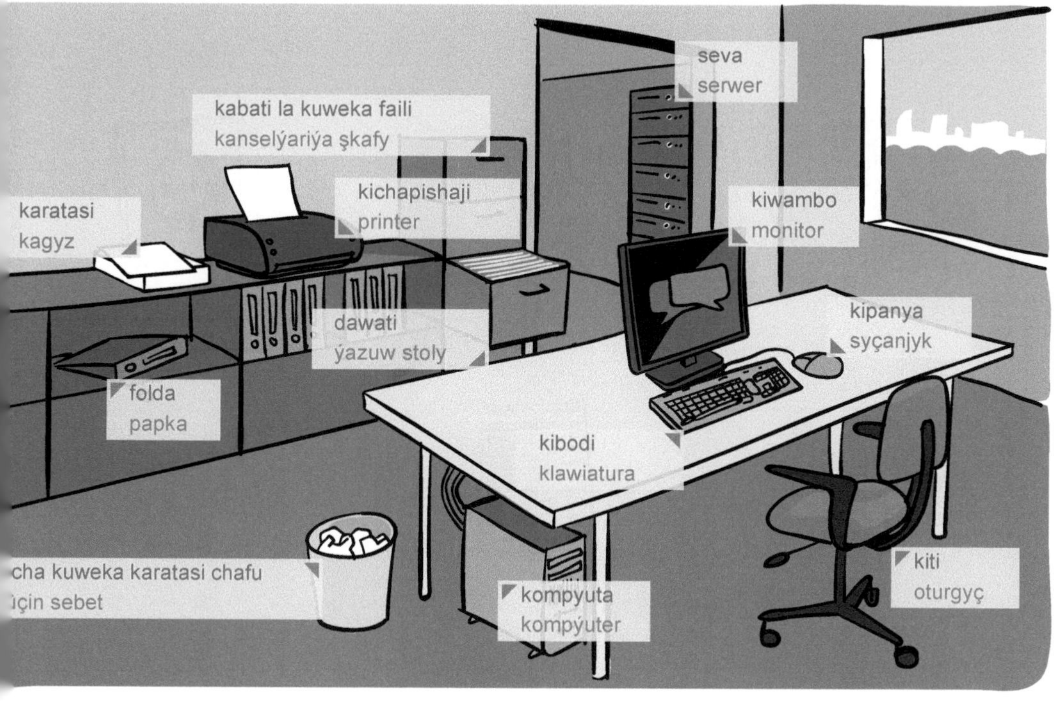

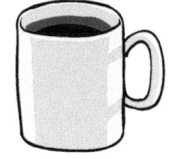

kmobe la kahawa

kofe kružkasy

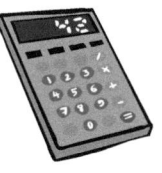

kikokotoo

kalkulýator

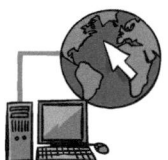

biashara

internet

mbali

noutbuk

barua

hat

ujumbe

habar

rununu

öýjükli telefon

intaneti

tor

fotokopia

kseroks

programu

programma

simu

telefon

soketi

rozetka

kipepesi

faks

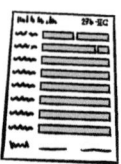

fomu

formulýar

hati

resminama

kununua

satyn almak

kulipa

tölemek

biashara

söwda etmek

fedha

pul

dola

dollar

yuro

ýewro

yeni

iena

rouble

rubl

faranga ya Uswisi

frank

renminbi yuan

ženminbi ýuan

rupia

rupiýa

eneo la kulipia

bankomat

ofisi ya ubadilishanaji

walýuta çalyşmak üçin bent

dhahabu

altyn

fedha

kümüş

mafuta

nebit

nishati

energiýa

bei

baha

mkataba

şertnama

kodi

salgyt

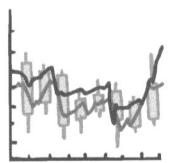

bidhaa

paýnama

kazi

işlemek

mfanyakazi

gullukçy

mwajiri

iş beriji

kiwanda

fabrik

duka

dükan

kazi
hünärler

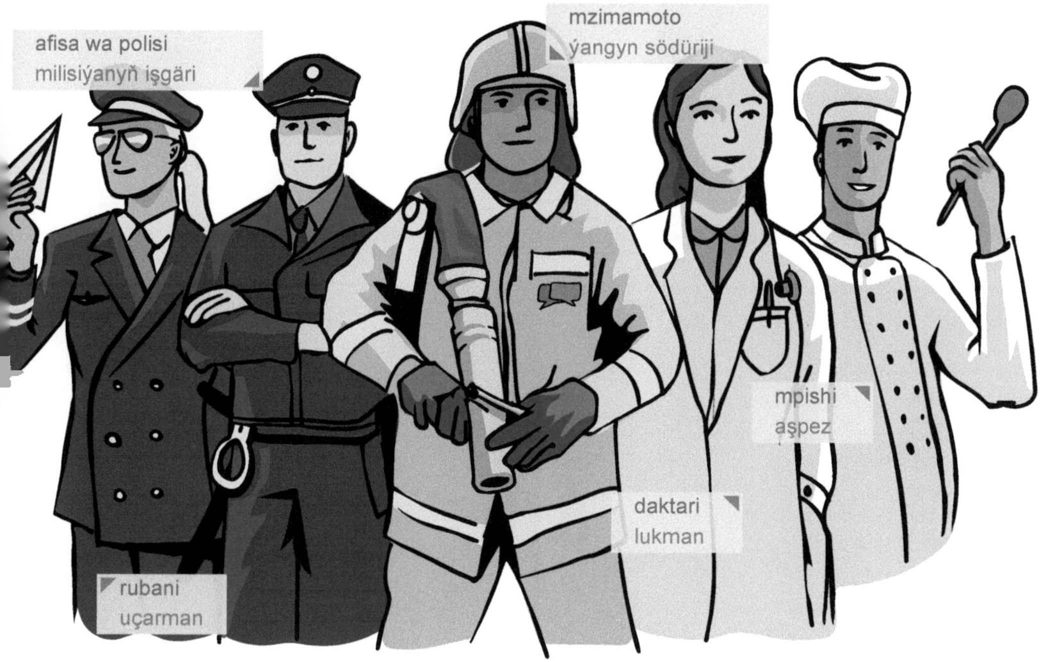
afisa wa polisi
milisiýanyň işgäri
mzimamoto
ýangyn söndüriji
mpishi
aşpez
daktari
lukman
rubani
uçarman

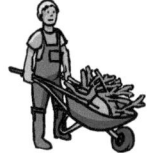

mtunza bustani

bagban

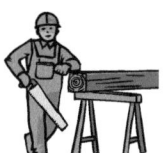

seremala

agaç ussasy

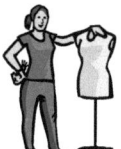

mshonaji

tikinçi

hakimu

kazy

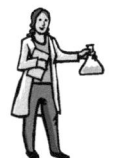

mwanakemia

himik

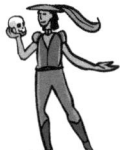

muigizaji

aktýor

dereva wa basi
awtobus sürüjisi

dereva wa teksi
taksiçi

mvuvi
balykçy

mwanamke wa kusafisha
tam süpüriji

mwezekaji
üçek basyrýan ussa

mhudumu
ofisiant

mwindaji
awçy

mchoraji
suratçy

mwokaji
çörekçi

umeme
elektrik

mjenzi
gurluşykçy

mhandisi
inžener

mchinjaji
gassap

fundi bomba
santehnik

mwanaposta
hatçy

kazi - hünärler

mwanajeshi

esger

msanifu majengo

binagär

keshia

pulhanaçy

muuza maua

floraçy

msusi

dellekçi

kondakta

konduktor

mekanika

mehanik

nahodha

kapitan

daktari wa meno

diş lukmany

mwanasayansi

alym

rabbi

rawwin

imamu

imam

mtawa

monah

kasisi

ruhany

zana
gurallar

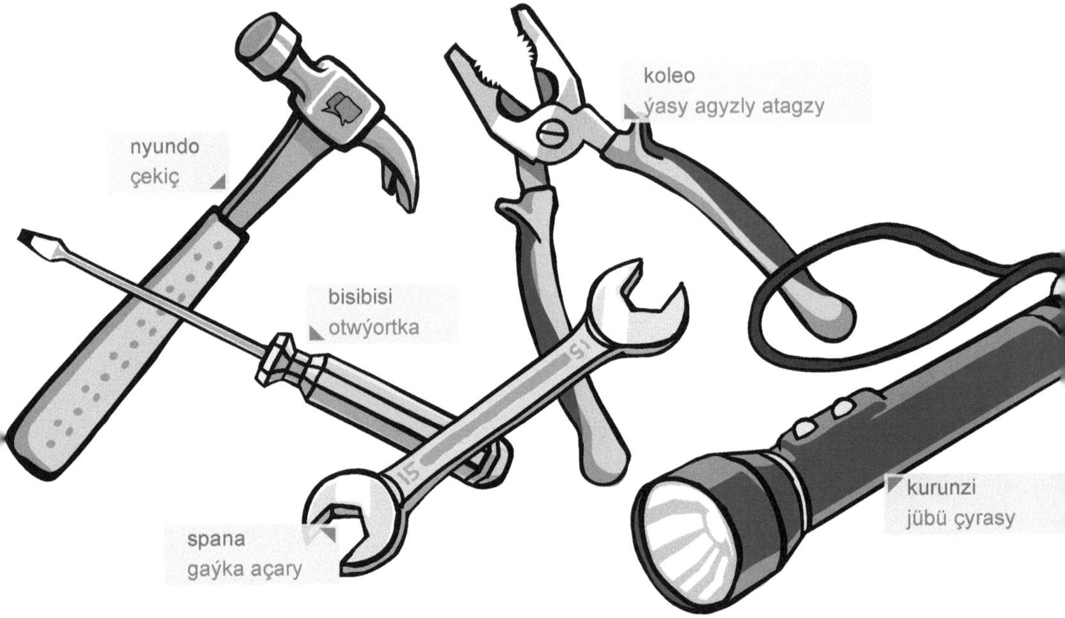
nyundo
çekiç
koleo
ýasy agyzly atagzy
bisibisi
otwýortka
spana
gaýka açary
kurunzi
jübü çyrasy

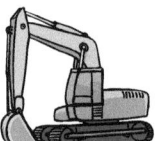

mchimbaji

ekskawator

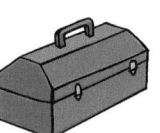

sanduku la vifaa

gurallar üçin gap

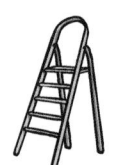

ngazi

merdiwan

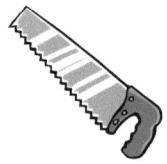

msumeno

byçgy

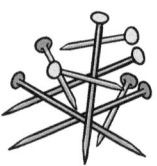

misumari

çüýler

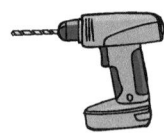

kuchimba visima

drel

kukarabati
abatlamak

sepetu
pil

Lo!
Bolmandyr!

kishikio cha uchafu
susguç

chungu cha rangi
boýagly bedre

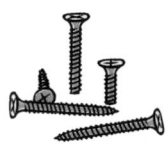

skurubu
nurbatlar

ala za muziki
saz gurallary

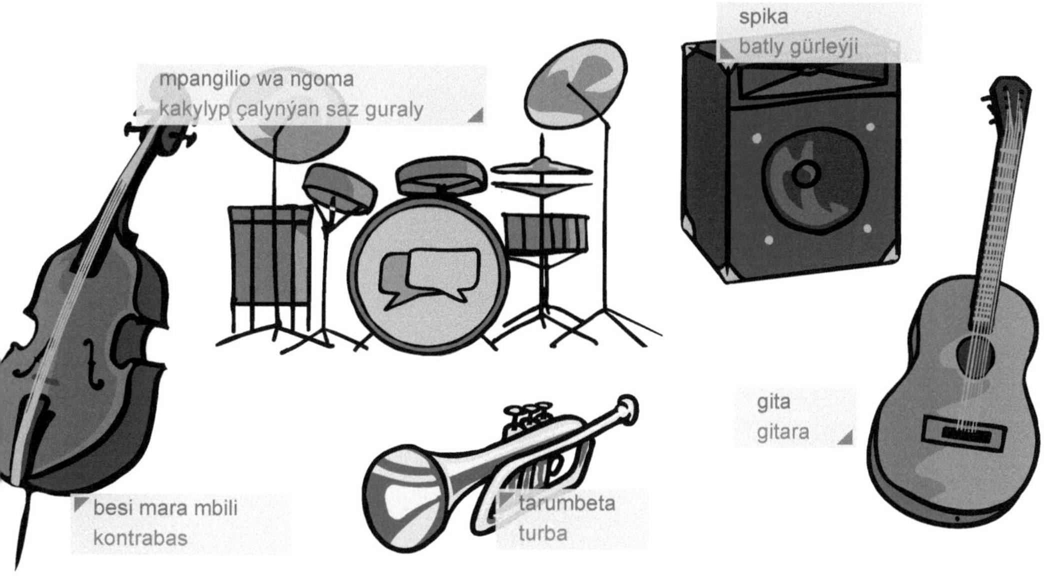

mpangilio wa ngoma
kakylyp çalynýan saz guraly

spika
batly gürleýji

gita
gitara

besi mara mbili
kontrabas

tarumbeta
turba

piano
....
pianino

fidla
....
skripka

ubeji
....
bas-gitara

timpani
....
nagara

ngoma
....
deprek

kibodi
....
sintezator

saksafoni
....
saksafon

filimbi
....
fleýta

maikrofoni
....
mikrofon

bustani ya wanyama

haýwanat bagy

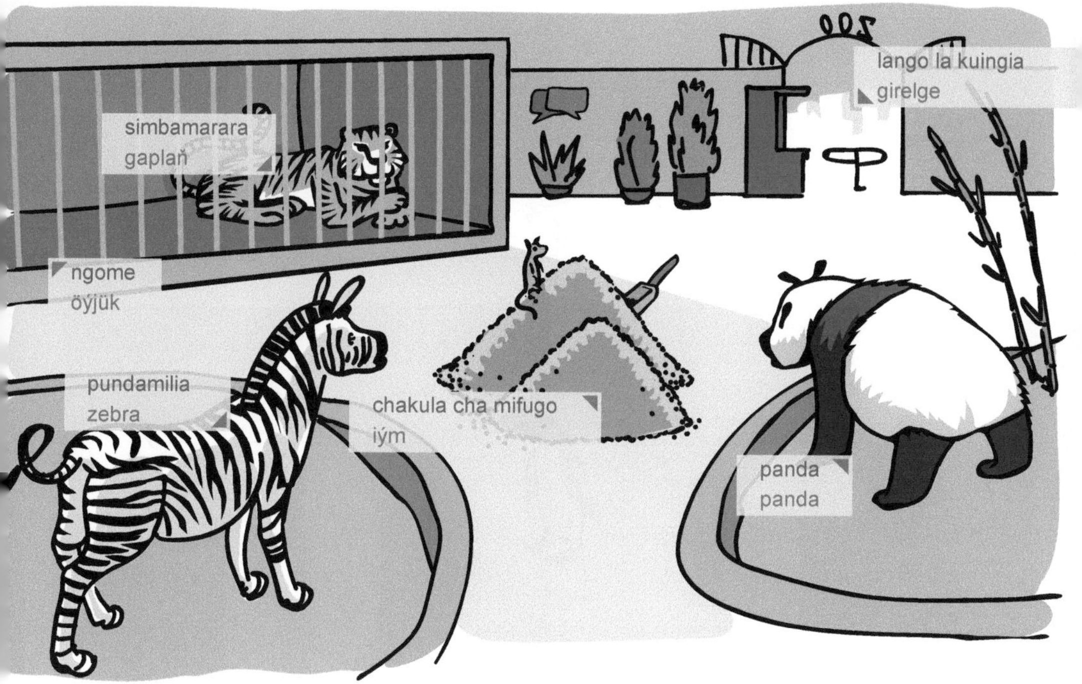
zoo
lango la kuingia
girelge
simbamarara
gaplaň
ngome
öýjük
pundamilia
zebra
chakula cha mifugo
iým
panda
panda

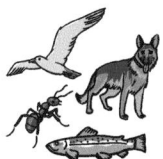

wanyama

haýwanlar

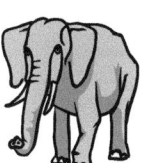

tembo

pil

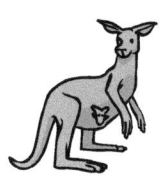

kangaruu

kenguru

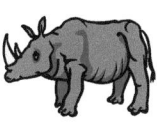

kifaru

nosorog

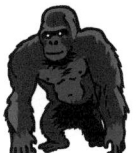

sokwe

gorilla

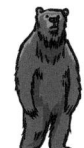

dubu

aýy

ngamia
düýe

mbuni
düýeguş

simba
ýolbars

tumbili
maýmyn

heroe
gyzylinjik

kasuku
hindiguş

dubu
ak aýy

penguini
pingwin

papa
akula

tausi
tawus

nyoka
ýylan

mamba
krokodil

mtunza wanyama
haýwanat bagynyň
gullukçysy

muhuri
düwlen

jaguar
ýaguar

bustani ya wanyama - haýwanat bagy

mwanafarasi
poni

chui
gaplaň

kiboko
begemot

twiga
žiraf

tai
bürgüt

nguruwe mwitu
ẏekegapan

samaki
balyk

kobe
pyşbaga

sili
suwpişik

mbweha
tilki

paa
jeren

soka ya marekani
amerikan

uendeshaji baiskeli
tigir sürmek

tenisi
tennis

mpira wa kikapu
basketbol

kuogelea
ýüzme

magongo ya barafuni
hokkeý

ndondi
boks

soka
....
futbol

vinyoya
....
badminton

riadha
....
ýeňil atletika

mpira wa mikono
....
gandbol

skii
....
lyža sporty

polo
....
polo

cheka
gülmek

kuruka
bökmek

kumbatia
gujaklamak

kutembea
gitmek

kuimba
aýdym aýtmak

ota ndoto
arzuw etmek

kuomba
dilemek

busu
öpmek

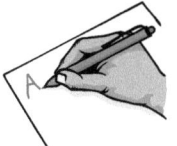

kuandika

ýazmak

kuteka

surat çekmek

angalia

görkezmek

sukuma

basmak

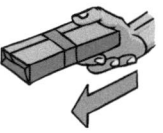

kutoa

bermek

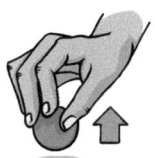

kuchukua

almak

kuwa

eýe bolmak

fanya

etmek

kuwa

bolmak

kusimama

durmak

kukimbia

ylgamak

vuta

çekmek

kutupa

taşlamak

kuanguka

gaçmak

hadaa

ýatmak

kusubiri

garaşmak

kubeba

götermek

kukaa

oturmak

vaa nguo

geýmek

usingizi

ýatmak

kuamka

oýanmak

kuangalia

görmek

lia

aglamak

kiharusi

sypalamak

chana nywele

daramak

ongea

gürlemek

kuelewa

düşünmek

kuuliza

soramak

kusikiliza

diňlemek

kunywa

içmek

kula

iýmek

nadhifisha

tertipleşdirmek

upendo

söýmek

mpishi

taýýarlmak

gari

gitmek

kuruka

uçmak

meli

ýelkeni ýaýyp gitmek

kokotoa

hasaplamak

kusoma

okamak

kujifunza

okamak

kazi

işlemek

kuoa

nikalaşmak

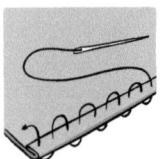

kushona

dikmek

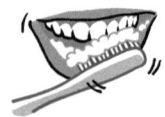

piga mswaki

dişiňi arassalamak

kuua

öldürmek

moshi

çilim çekmek

kutuma

ugratmak

familia
maşgala

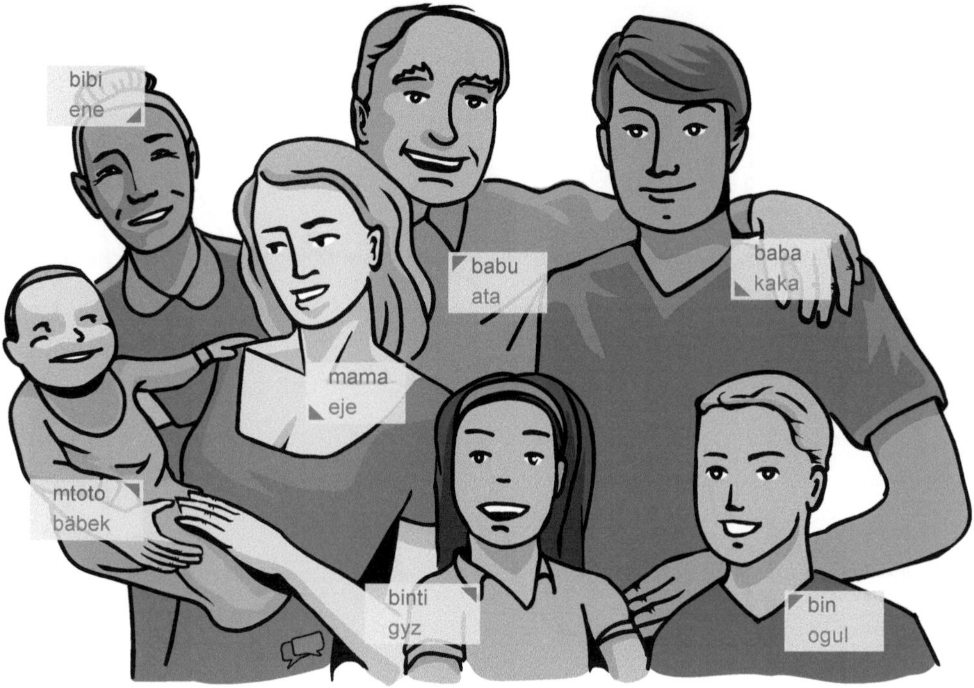
bibi
ene
babu
ata
baba
kaka
mama
eje
mtoto
bäbek
binti
gyz
bin
ogul

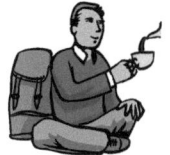

mgeni

myhman

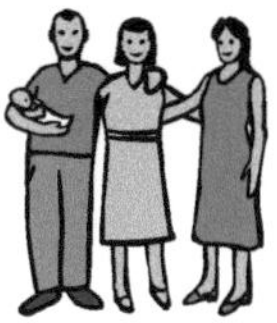

shangazi

daýza

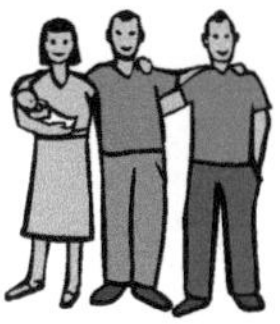

mjomba

daýy

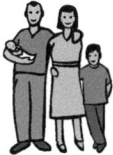

kaka

aga

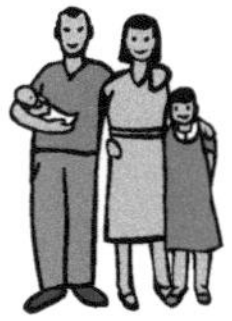

dada

uýa

mwili

ten

paji la uso
maňlaý
jicho
göz
bega
egin
kidole
barmak
uso
ýüz
kidevu
äň
mkono
penje
mguu
aýak
matiti
döş
mkono
el

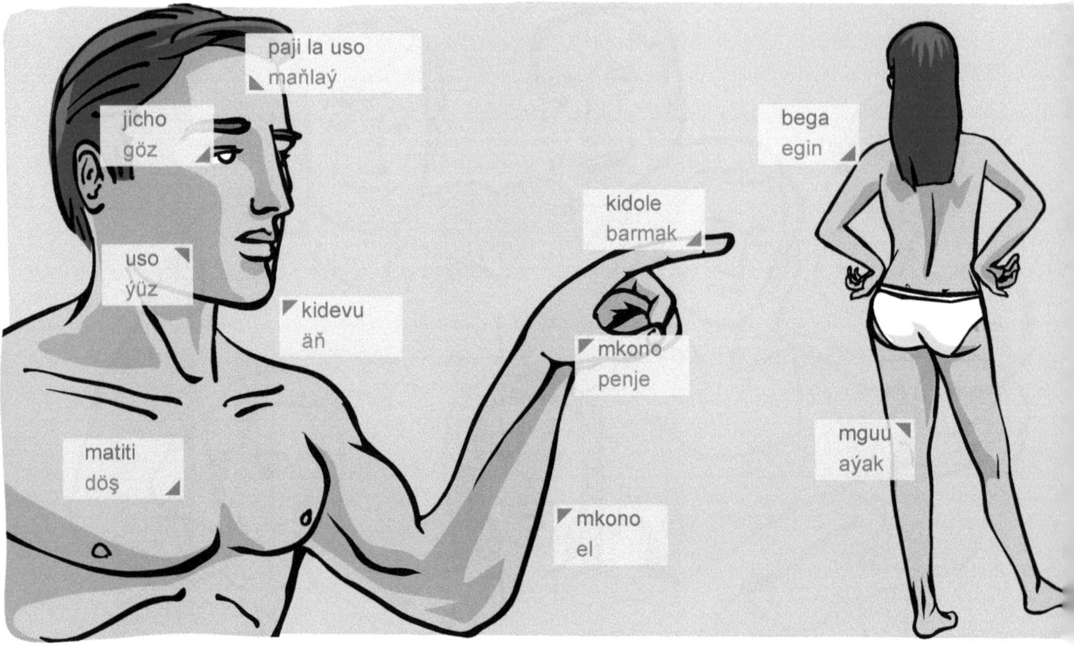

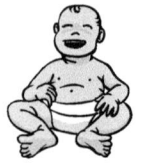

mtoto

bäbek

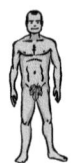

mwanamume

erkek

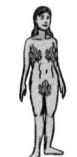

mwanamke

aýal

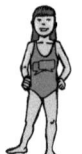

msichana

gyz

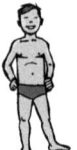

mvulana

oglan

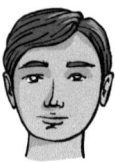

kichwa

kelle

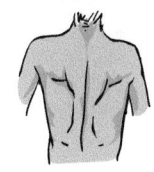

nyuma

arka

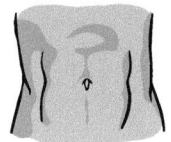

tumbo

garyn

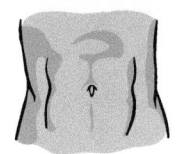

kitovu

göbek

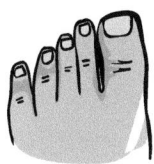

chano

aýak barmagy

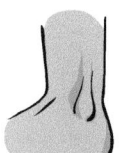

kisigino

ökje

mfupa

süňk

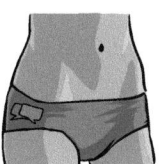

nyonga

but

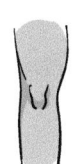

goti

dyz

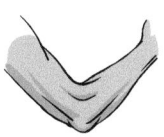

kiwiko

tirsek

pua

burun

chini

ýanbaş

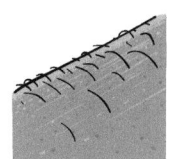

ngozi

deri

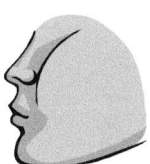

shavu

ýaňak

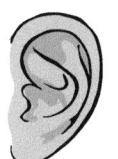

sikio

gulak

mdomo

dodak

kinywa
agyz

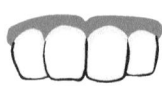

jino
diş

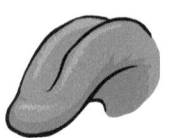

ulimi
dil

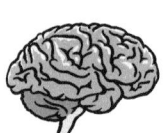

ubongo
beýni

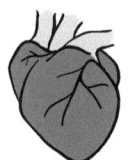

moyo
ýürek

misuli
myşsa

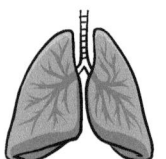

pafu
öýken

ini
bagyr

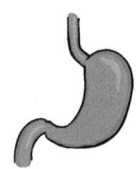

tumbo
aşgazan

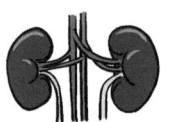

figo
böwrek

jinsia
jyns ýakynlygy

kondomu
prezerwatiw

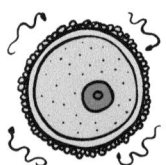

ovari
erkeklik jyns öýjügi

shahawa
tohumlyk

mimba
göwrelilik

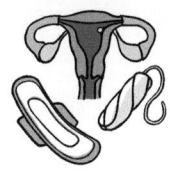

hedhi

bil açylma

uke

wagina

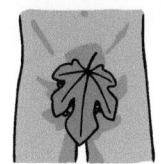

uume

erkek jyns agzasy

unyusi

gaş

nywele

saç

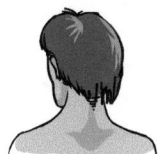

shingo

boýun

hospitali
hassahana

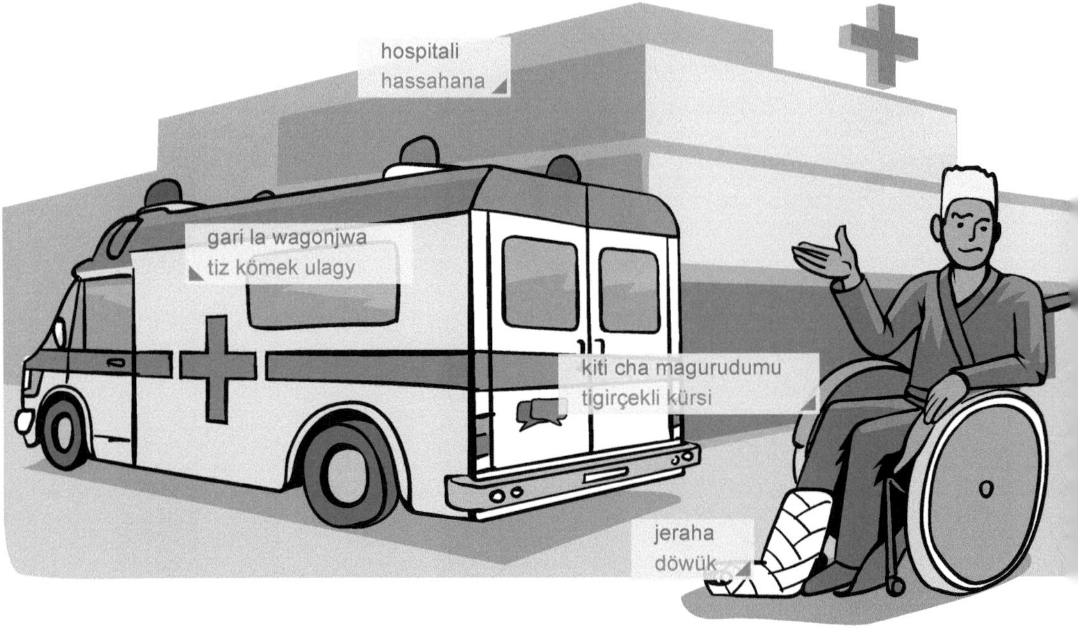

hospitali
hassahana
gari la wagonjwa
tiz kömek ulagy
kiti cha magurudumu
tigirçekli kürsi
jeraha
döwük

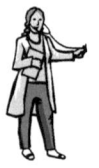

daktari

lukman

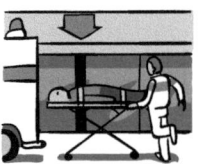

chumba cha dharura

ilkinji kömek nokady

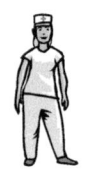

muuguzi

şepagat uýasy

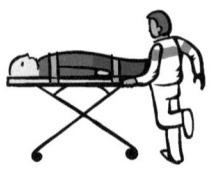

dharura

gaýragoýulmasyz ýagdaý

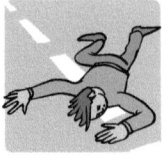

kupoteza fahamu

özüni bilmän

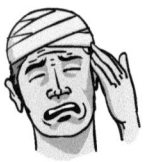

maumivu

agyry

kuumia

zeper ýetme

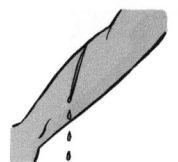

kutokwa na damu

gan akmasy

mshtuko wa moyo

infarkt

kiharusi

insult

mzio

allergiýa

kikohozi

üsgülik

homa

ɔkarlanan temperatura

mafua

dümew

kuharisha

içgeçme

maumivu ya kichwa

kelle agyrysy

kansa

rak

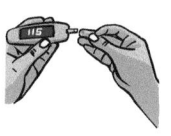

ugonjwa wa kisukari

diabet

daktari mpasuaji

hirurg

kisu kidogo cha kupasulia

skalpel

operesheni

operasiýa

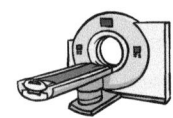

picha changanufu ya mwili

iýmit siňdirýän ortlaryň jemi

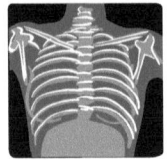

Eksrei

rentgen

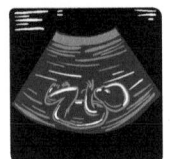

mawimbi sauti

ultrases

barakoa ya uso

maska

ugonjwa

kesel

chumba cha kusubiri

kabulhana

mkongojo

pişek

plasta

plastyr

bendeji

bint

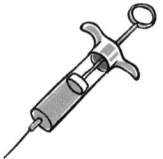

sindano

sanjym

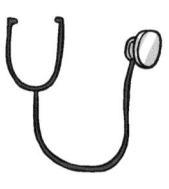

stetoskopu

stetoskop

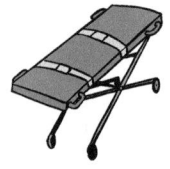

machela

zemmer

kipimajoto cha kliniki

termometr

kuzaliwa

dogluş

unene kupita kiasi

artykmaç agram

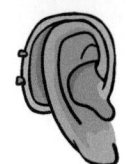

kusikia misaada

eşidiş abzaly

kipukusi

zyýansyzlandyryjy serişde

maambukizi

ýokanç

virusi

wirus

VVU / UKIMWI

WIÇ/ AIDS

dawa

derman

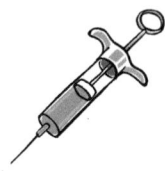

chanjo

öñüni alyş sanjymy

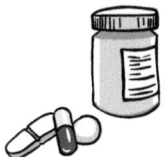

vidonge

gerdejikler

kidonge

göwreli bolmakdan goraýan gerdejik

simu ya dharura

gaýragoýulmasyz çagyryş

haemodainamometa

gan basyşyny ölçeýji abzal

mgonjwa / mwenye afya

näsag / sagdyn

Msaada!

Kömek ediň!

pigo

çozuş

shambulizi

hüjüm

hatari

howp

lango la dharura

ätiýaçlyk çykalgasy

Moto!

Ýangyn!

kizima moto

ot söndürijisi

ajali

betbagtçylykly ýagdaý

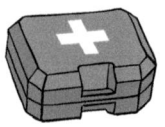

vifaa vya huduma ya kwanza

derman gutujygy

wito wa msaada

SOS

polisi

milisiýa

Ulaya

Ýewropa

Amerika ya Kaskazini

Demirgazyk Amerika

Amerika ya Kusini

Günorta Amerika

Afrika

Afrika

Asia

Aziýa

Australia

Awstraliýa

Atlantiki

Atlantika ummany

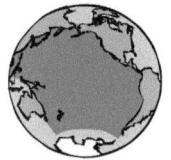

Pasifiki

Ýuwaş umman

Bahari ya Hindi

Hindi ummany

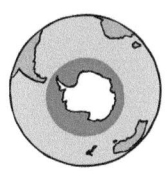

Bahari ya Antaktiki

Antarktika ummany

Bahari ya Aktiki

Demirgazyk Buzly umman

Ncha ya Kaskazini

Demirgazyk polýusy

Ncha ya Kusini
Günorta polýusy

Antaktika
Antarktida

dunia
zemin

nchi
gury ýer

bahari
deñiz

kisiwa
ada

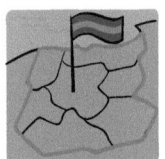

taifa
millet

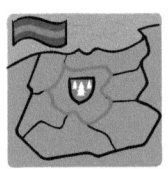

jimbo
döwlet

uso wa saa

siferblat

akrabu ya saa

sagadyň dili

akrabu ya dakika

minut görkezýän dil

akrabu ya sekunde

sekundy görkezýän dil

Ni saa ngapi?

sagat näçe?

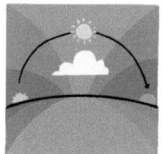

siku

gün

wakati

wagt

sasa

häzir

saa ya dijitali

elektron sagady

dakika

minut

saa

sagat

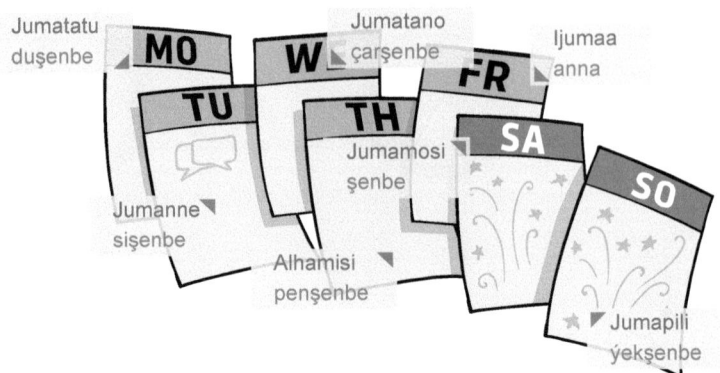

Jumatatu / duşenbe — MO
Jumanne / sişenbe — TU
Jumatano / çarşenbe — W
Alhamisi / penşenbe — TH
Ijumaa / anna — FR
Jumamosi / şenbe — SA
Jumapili / yekşenbe — SO

jana
....
düýn

leo
....
şu gün

kesho
....
ertir

asubuhi
....
säher

saa sita mchana
....
günortan

jioni
....
agşamlyk

siku za biashara
....
iş günler

mwishoni mwa wiki
....
dynç günler

mwaka
ýyl

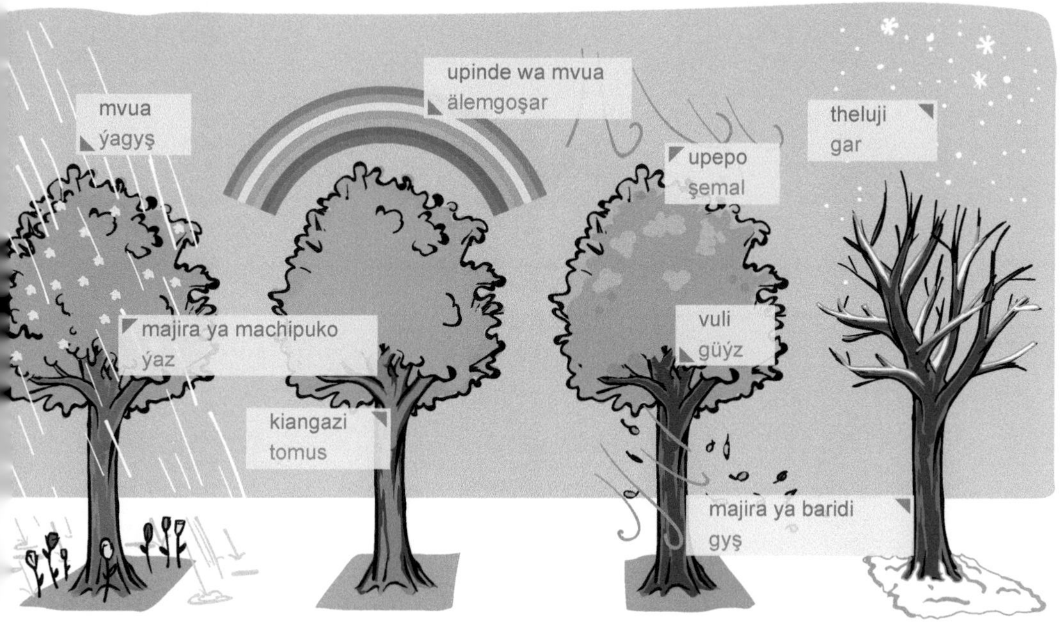

mvua
ýagyş
upinde wa mvua
älemgoşar
upepo
şemal
theluji
gar
majira ya machipuko
ýaz
vuli
güýz
kiangazi
tomus
majira ya baridi
gyş

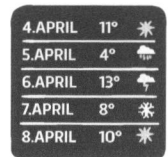

4.APRIL 11°
5.APRIL 4°
6.APRIL 13°
7.APRIL 8°
8.APRIL 10°

ıtabiri wa hali ya hewa

howa maglumaty

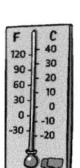

kipimajoto

termometr

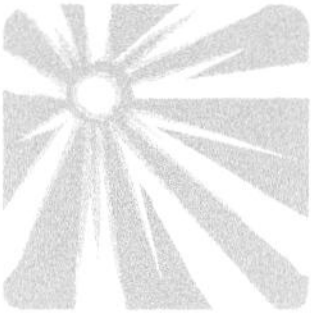

mwanga wa jua

gün ýagtylygy

wingu

gara bulut

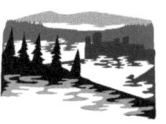

ukungu

ümür

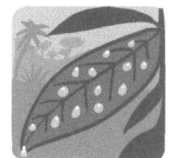

unyevu

howanyň çyglylygy

umeme

ýyldyrym

radi

gök gümmürdisi

dhoruba

tupan

mvua ya mawe

doly

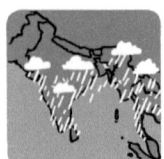

monsuni

musson

mafuriko

suw alma

barafu

buz

Januari

ýanwar

Februari

fewral

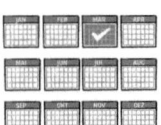

Machi

mart

Aprili

aprel

Mei

maý

Juni

iýun

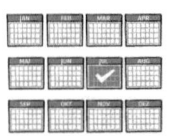

Julai

iýul

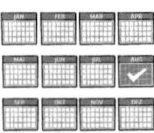

Agosti

awgust

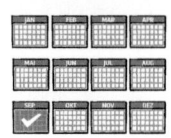

Septemba

sentýabr

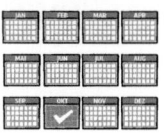

Oktoba

oktýabr

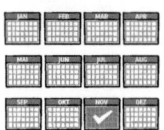

Novemba

noýabr

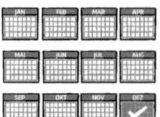

Desemba

dekabr

mduara

tegelek

mraba

kwadrat

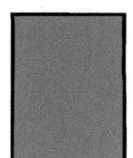

mstatili

göniburçluk

pembetatu

üçburçluk

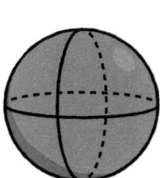

nyanja

şar

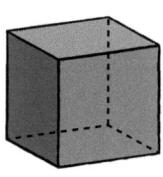

mchemraba

kub

nyeupe

ak

manjano

sary

chungwa

mämişi

rangi ya waridi

gülgüne

nyekundu

gyzyl

hudhurungi

liliýa reňkli

bluu

gök

kijani

ýaşyl

hanja

goňur

jivujivu

çal

nyeusi

gara

mengi / kidogo

köp / az

hasira / pole

gazaply / asuda

nzuri / mbaya

owadan / betnyşan

mwanzo / mwisho

başy / soňy

kubwa / ndogo

uly / kiçi

angavu / giza

açyk / garaňky

kaka / dada

glan dogan / gyz dogan

safi / chafu

arassa / hapa

kamilika / tokamilika

doly / doly däl

siku / usiku

gündiz / gije

wafu / hai

jansyz / diri

pana / nyembamba

giň / dar

kulika / kutolika

iýilýän / iýilmeýän

ovu / ema

gaharly / dostlukly

sisimkwa / udhika

tolgunly / tukat

nene / nyembamba

çişik / hor

kwanza / mwisho

başda / soňunda

rafiki / adui

dost / duşman

jaa / tupu

doly / boş

ngumu / laini

berk / ýumşak

nzito / nyepesi

agyr / ýeňil

njaa / kiu

açlyk / teşnelik

mgonjwa / mwenye afya

näsag / sagdyn

haramu / kisheria

bikanun / kanuny

akili / kijinga

akyly / akmak

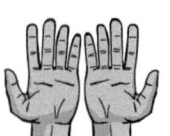

kushoto / kulia

çepde / sagda

karibu / mbali

ýakyn / daş

mpya / kutumika
....
täze / ulanylan

kitu / jambo
....
hiç zat / bir zat

zee / changa
....
garry / ýaş

waka / zima
....
ýakylan / söndürilen

wazi / fungwa
....
açyk / ýapyk

utulivu / kelele
....
ýuwaş / gaty

tajiri / masikini
....
baý / garyp

sahihi / kosa
....
dogry / nädogry

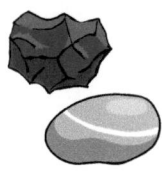

mbaya / laini
....
büdür-südür / tekiz

huzunika / furahia
....
gamgyly / şatlykly

fupi /ndefu
....
gysga / uzyn

polepole / haraka
....
haýal / tiz

nyevu / kavu
....
öl / gury

joto / baridi
....
ýyly / sowuk

vita / amani
....
uruş / parahatçylyk

0	**1**	**2**
sufuri	moja	mbili
nul	bir	iki

3	**4**	**5**
tatu	nne	tano
üç	dört	bäş

6	**7**	**8**
sita	saba	nane
alty	ýedi	sekiz

9	**10**	**11**
tisa	kumi	kumi na moja
dokuz	on	on bir

12

kumi na mbili
········
on iki

13

kumi na tatu
········
on üç

14

kumi na nne
········
on dört

15

kumi na tano
········
on bäş

16

kumi na sita
········
on alty

17

kumi na saba
········
on ýedi

18

kumi na nane
········
on sekiz

19

kumi na tisa
········
on dokuz

20

ishirini
········
ýigrimi

100

mia
········
ýüz

1.000

elfu
········
müň

1.000.000

milioni
········
million

Kiingereza

iňlis

Kiingereza cha Marekani

amerikan iňlis

Kimandarini cha Uchina

mandarin hytaý

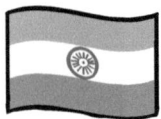

Kihindi

hindi

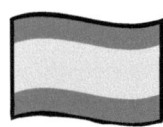

Kihispania

ispan

Kifaransa

fransuz

Kiarabu

arap

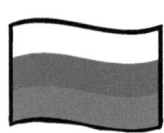

Kirusi

rus

Kireno

portugal

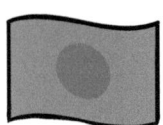

Kibengali

bengal

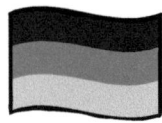

Kijerumani

nemes

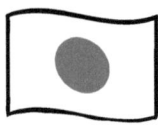

Kijapani

ýapon

mimi

men

wewe

sen

yeye / yeye / ni

ol (oglan) / ol (gyz) / ol (jansyz zat)

sisi

biz

wewe

siz

wao

olar

nani?

kim?

nini?

näme?

jinsi gani?

nähili?

wapi?

nirede?

lini?

haçan?

jina

ady

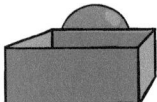

nyuma

yzynda

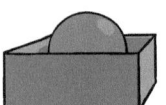

katika

içinde

mbele ya

öňünde

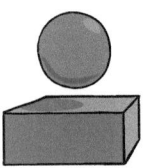

juu ya

bir zadyň üsti

kwenye

üstünde

chini ya

aşagynda

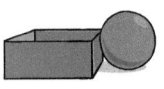

kando

ýanynda

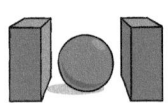

kati

arasynda

mahali

ýer